AF370959

XERXES,

COMEDIE

EN MVSIQVE

del Signor

FRANCESCO CAVALLI.

Auec six Entrées de Ballet qui seruent d'Intermede
à la Comedie.

Hæc quoque munera pacis.

A PARIS,
Par ROBERT BALLARD, seul Imprimeur du Roy
pour la Musique.

M. DC. LX.

XERXES,
COMEDIE
EN MVSIQVE
del Signor
FRANCESCO CAVALLI.

ARGVMENT DV XERXES.

ERXES Roy de Perfe voulant paffer en Grece,
pour l'entreprife d'Athenes, fait fa place d'armes
d'Abide, ville qui appattenoit à Ariodate General
de fes Armées.   Ariodate auoit deux filles, dont
l'vne s'appelloit Romilde, & l'autre Adelante.   Xerxes ou-
bliant les promeffes qu'il auoit faites d'efpoufer Amaftris fille
du Roy de Sufie, deuient amoureux de Romilde, & choi-
fit Arfamene fon frere pour confident de fa nouuelle paffion,
& le prie de l'aller defcouurir à Romilde ; Mais Arfamene qui
en eftoit luy-mefme amoureux, s'excufe enuers le Roy de luy
rendre ce feruice ; & le Roy fe refout à s'expliquer foy-
mefme.

Cependant l'amour eftoit reciproque entre Arfamene &
Romilde, & tandis qu'ils s'entretiennent enfemble, Xerxes arriuant fans eftre attendu d'eux, Arfamene fe cache; Mais ayant
efté defcouuert par accident, Xerxes le bannit auec Eluire
fon Efcuyer, Romilde irritée de ce mauuais traitement, demeure inflexible aux prieres de Xerxes, & fa fœur Adelante
ayant dans vne conuerfation particuliere joint inutilement fes

perſuaſions aux prieres du Roy, a recours aux artifices. Amaſtris ſuiuie d'vn ſeul Eſcuyer nommé Ariſton, vient trouuer Xerxes dont elle eſt amoureuſe, ſous vn habit de ſoldat, & luy demande la recompenſe de ſes ſeruices : Mais le Roy qui ne la connoiſt point, & qui ne ſçait pas qu'en parlant de ſes ſeruices, elle veut parler de ſon amour, la rebute ; & toûjours de plus en plus paſſionné de Romilde, ſe reſout à l'eſpouſer ; Mais il en parle ſi obſcurement à Ariodate pere de cette belle fille, que ſon deſſein eſt mal entendu. Adelante d'autre coſté, s'appliquant toute entiere à troubler les amours d'Arſamene & de Romilde, fait entendre à Eluire, qui portoit vne lettre d'Arſamene à Romilde, qu'elle ne luy pouuoit parler, parce qu'elle s'eſtoit enfermée pour eſcrire au Roy ; Et le Roy arriuant dans le meſme temps, elle luy fait voir la lettre d'Arſamene comme eſtant eſcrite pour elle-meſme, & luy fait croire que l'amour que ce Prince teſmoigne à Romilde, n'eſt qu'vn deſguiſement affeété pour mieux cacher la veritable paſſion qu'il a pour elle.

Le Roy ſatisfait de ce diſcours, s'imaginant que Romilde deſ-abuſée de l'amour qu'elle croit qu'Arſamene a pour elle, changera bien-toſt de ſentiment, fait voir cette meſme lettre à Romilde & la met dans vne extreſme jalouſie de ſon Amant : Mais il recognoiſt bien-toſt qu'Adelante ſe trompe ; Et Romilde ſe trouuant auec Arſamene, ces deux Amans s'eſclairciſſent plainement de leur fidelité reciproque, & Adelante elle-meſme confeſſe la fourbe qu'elle a faite.

Le Roy malgré la reſiſtance qu'il y trouue, ſe reſout pourtant à eſpouſer Romilde, & commande à Ariodate de la marier à vn Prince du ſang Royal, eſgal à ſoy-meſme, qu'il trouuera bien-toſt dans ſa Chambre. Romilde que le Roy rencontre reſiſte à l'empreſſement qu'il luy teſmoigne, par diuerſes excuſes ; Et peu de temps apres ſon pere la trouuant dans ſa Chambre en compagnie d'Arſamene, luy commande de l'eſpouſer, s'imaginant que c'eſtoit de ce Prince que le Roy auoit voulu parler. Xerxes à cette nouuelle fremit de colere, & veut tout faire mourir : Mais Amaſtris ſuruenant & diſant que c'eſt elle ſeule qui apres les meſpris que l'on a fait d'elle, eſt obligée de chercher la mort, reſueille dans le cœur du Roy toute la paſſion qu'il auoit euë pour elle ; Xerxes ſe reſout à l'eſpouſer & change les condamnations de mort qu'il auoit prononcées contre Arſamene & Romilde, en vn fauorable conſentement qu'il donne à leur mariage.

ARGOMENTO DEL XERSE.

A Ma Xerse Romilda, e Romilda ama
    Il fratello di lui detto Arsamene :
    E serban ne' i perigli, e ne le pene,
    Mai sempre pura l'amorosa brama.

Opra le frodi astuta a loro danno,
    Adelanta di lei suora, e riuale.
    Ma le frodi adoprar spesso non vale:
    Soura l'Ingannator cade l'Inganno.

Riodate lor Padre non compreso
    Il discorso del Rè, fà che la figlia
    Arsamene per sposo, e amante piglia;
    Sì chi mal sà parlare è male inteso.

Freme Xerse, ma in vano, e vol che mora,
    Arsamene, Romilda, e l'innocente
    Padre, ma per guarir l'insana mente
    Vien Amastre, e a suo danno il ferro implora.

Del Rè di Susia figlia, e a lui per sposa,
    Promessa, vagabonda il cerca mesta.
    Sott' habito mentito, e al fine desta,
    La spenta quasi in lui fiamma amorosa.

Vuol morir disperata, aspettan morte,
    Romilda, e Arsamene, e in vn' istante,
    Xerse torna di lei fedele amante,
    E' in nozze il lor morir cangia la sorte.

E' d'amor, e di noi così fà gioco
    Fortuna, e vol tener. mentre che sprezza
    Ogni nostro discorso, ogni sagezza,
    Ne le vicende humane il primo loco.

FINE.

ARGVMENT DV XERXES.

Xerxes ayme Romilde, & son frere Arsamene
De Romilde qu'il ayme est cherement aymé,
Et d'vne esgal ardeur ce beau couple enflammé,
Mesprise constamment le peril & la peine.

Romilde a pour riuale Adelante sa sœur,
Et cette sœur moins belle eut la fourbe en partage ;
Mais la fourbe est souuent d'vn dangereux vsage,
Et l'effet du mensonge en opprime l'auteur.

Par les discours du Roy, leur Pere entre en erreur,
Et trompé fait Romilde espouse d'Arsamene ;
Ainsi qui monstre mal ce qu'il a dans le cœur,
Du secret qu'il en fait porte souuent la peine.

Le Roy s'irrite en vain, & veut faire perir
Arsamene, Romilde, & son innocent pere :
La douleur d'Amastris qui demande à mourir
Arreste en vn instant le cours de sa cholere.

Du Roy de la Susie elle receut le jour ;
Et promise à Xerxes dés sa tendre jeunesse,
Elle vient le sommer de tenir sa promesse,
Et par ses pleurs enfin r'allume son amour.

Elle vouloit mourir, & par vn ordre infame,
Romilde, & son espoux alloient suiure ses pas :
Mais le Roy se rendant à sa premiere flamme,
Fait succeder l'hymen aux horreurs du trespas.

C'est ainsi que l'aueugle, & legere Deesse,
De l'amour & de nous se mocque à tous momens ;
C'est ainsi que trompant nos vains raisonnemens,
Du destin des humains elle est toujours maistresse.

F I N.

LES ACTEVRS.

DANS LE PROLOGVE.

Vne Nymphe Françoise.	*Mademoiselle Anne.*
Vne Nymphe Espagnole.	*Le Sieur Melone.*
XERXES. Roy de Perse.	*Le Sieur Bordigon.*
ARSAMENE. Frere de Xerxes.	*Le Sieur Atto.*
ARIODATE. Prince d'Abide fauory de Xerxes & General de ses Armeés.	*Le Sieur Taillavacca.*
ROMILDE. }Sœurs, filles d'Ariodate, toutes deux amoureuses d'Arsamene.{ ADELANTE.	*Mademoiselle Anne.* *Le Sieur Melone.*
EVMENES. Capitaine des Gardes de Xerxes & son Confident.	*Le Sieur Zannetto.*
ELVIRE. Domestique d'Arsamene.	*Le Sieur Chiarino.*
AMASTRIS. Fille du Roy de Susie, amoureuse de Xerxes & trauestie en homme.	*Le Sieur Philippe, frere du Sieur Atto.*
ARISTON. Escuyer d'Amastris.	*Le Sieur Absalon.*

PRIAREE.

PRIARÉE. Ambaſſadeur ⎱
d'Ottane Roy de Suſie. ⎰ *Le Sieur Pichini.*

CLITON. Page de Romilde,
  qui ne parle point.

PROLOGO.

Ninfa Franfefe , & Ninfa Spagnola.

Tutte due infieme.

HOr che le deftre inuitte,
Stringonfi infieme i più gran Rè del mondo.
Hor che cadon trafitte
Le furie, e i moftri entro al tartareo fondo
Di dolci fuoni.
L'aria rifuoni.
E fi ano i noftri canti
Di L v i g i, & T e r e s a i pregi, e i vanti.

Ninfa Franfefe fola.

Fortezze debellate
Sconfitte fchiere armate
Infinite Prouincie , immenfi Imperi,
Son del mio nobil Rè vanti leggieri.
La fua fola Perfona,
D'ogni fcettro val più, d'ogni corona.

Ninfa Spagnola fola.

Lunga ferie di Regi
In pace, in guerra e gregi,
Beltà, vaghezza,
Son pompe vane, che T e r e s a fprezza;
Stima fol gloria, vera,
Di Nobile virtude andar altera.

Tutte due infieme.

Pioua il Cielo à i voftri amori
L'influenze le più belle.
E le Stelle.
Colmino di dolcezza i voftri cori.
Piacciaui intanto
Sù quefte Scene
Veder Xerfe gioir doppo le pene,
Doppo pioggie di pianti.
Nafce il fol de la gioia à i fidi amanti.

PROLOGVE.

Vne Nymphe Françoife.   Vne Nymphe Efpagnole.
Toutes deux enfemble.

PVis qu'enfin les deux Roys les plus grands de la terre,
Par vn heureux Hymen ont terminé la guerre,
Et que touchez des maux, par leurs peuples foufferts,
'Is ont fait retirer la Difcorde aux Enfers ;
Que d'harmonieux fons & de cris d'allegreffe
L'air doucement troublé retentiffe fans ceffe,
Et que par cent chanfons leurs fujets rejoüis,
Exaltent les vertus de THERESE & LOVIS.

La Nymphe Françoife.

La gloire que produit le gain de cent batailles,
Celle d'auoir dompté de fuperbes murailles,
D'auoir tant de vaffaux, & de fi grands Eftats,
Ie la voy dans mon Roy ; Mais j'en faits peu de cas :
Car l'augufte grandeur de fa feule Perfonne
Surpaffe de bien loing celle de fa Couronne.

La Nymphe Efpagnole.

Ny ce nombre fi grand de Roys fi glorieux,
Que compte ma Princeffe au rang de fes ayeux,
Ny fon efprit diuin, ny fa beauté charmante,
N'eft point ce que dans elle elle veut que l'on vante,
C'eft des feules vertus, qu'elle ayme auec ardeur,
Qu'elle pretend tirer fa gloire, & fa grandeur.

Toutes deux enfemble.

Qu'auec vne egale abondance
Le Ciel refpande tous les jours
Sur vos heroïques amours
Sa plus fauorable influence.
Cependant que vos Majeftez
Permettent que fur cette fcene
Xerxes apres beaucoup de peine
Goufte enfin de l'Amour les douces voluptez.
Le fort change ; & l'amant qui conftamment foupire,
Enfin auec plaifir voit finir fon martyre.

B ij

PREMIERE ENTRE'E.

Des Basques moitié François , moitié Espagnols.

Mr Tartas , *habillé moitié à la Françoise , & moitié à l'Espagnole.*

Monsieur Baptiste. Les Sieurs le Vacher , & Beauchamp , *Basques François.*

Les Sieurs Des-Airs l'aisné, Des-Airs le Cadet ; & Raynal , *Basques Espagnols.*

Autres Basques concertans & joüans de plusieurs Jnstruments.

Descousteaux pere, Descousteaux fils, la Caisse ; & Martin Opterre , *François.*

Marchand, Alain, Paisible, & Des-touches. *Espagnols.*

ACTE PREMIER.

SCENE PREMIERE.

XERXES.

Erxes quittant le Platane dont il est amoureux, chante vne chanson à sa loüange.

SCENE II.

ELVIRE. ARSAMENE.
ROMILDE. ADELANTE. *sur vn Balcon.*

A Rsamene descouure son amour à Romilde, & Romilde par vne chanson plaisante se mocque de la folle passion qu'a le Roy de Perse pour vn arbre.

SCENE III.

XERXES. ARSAMENE. ELVIRE.
ROMILDE. ADELANTE.

X Erxes demande à son frere quelle est cette Dame qu'il entend chanter. Arsamene, à qui la curiosité du Roy donne jalousie, fait semblant de ne l'a pas cognoistre. Le Roy le prie de luy declarer l'amour qu'il sent pour elle. Arsamene tasche à le destourner de cette passion, ou du moins à s'excuser d'en estre le confident ; mais le Roy perseuerant dans son amour, & voulant en parler luy-mesme, le mal-heureux Arsamene a recours aux plaintes & aux imprecations.

B iij

SCENE IV.

ROMILDE. ADELANTE. ARSAMENE.

ELVIRE. *à part.*

ROmilde fait connoiſtre la paſſion qu'elle a pour Arſamene, & Adelante amoureuſe de ce meſme Prince teſmoigne la jalouſie qu'elle a de ſa ſœur.

SCENE V.

XERXES. EVMENES. ROMILDE. ADELANTE.

ARSAMENE, & ELVIRE. *cachez.*

XErxes s'offre pour Eſpoux à Romilde, qui ſous pretexte de modeſtie s'excuſe d'accepter cet honneur. Et lors Arſamene & Eluire ayant par accident eſté deſcouuerts, le Roy frappé d'vn ſentiment de jalouſie les bannit de ſa Cour.

SCENE VI.

XERXES. EVMENES. ROMILDE. ADELANTE.

ROmilde demeure inflexible à l'amour du Roy, qui voyant que le ſilence obſtiné de cette belle fille rendoit ſes prieres & ſes offres inutiles, ſe retire en ſe plaignant de ſa mauuaiſe fortune.

SCENE VII.

EVMENES. ROMILDE. ADELANTE.

EVmenes s'efforce de perſuader Romilde à receuoir les offres que la fortune luy fait. Elle luy reſpond comme ſi elle eſtoit irreſoluë ſur ce qu'elle auoit à faire, & parle de la meſme ſorte à ſa ſœur.

SCENE VIII.

ELVIRE. ARSAMENE. ROMILDE. ADELANTE.

ARsamene vient prendre congé de Romilde, qui craignant le peril où il est, le presse de partir. Il craint que Romilde ne le veüille éloigner par vn autre motif, & luy témoigne sa jalousie; mais elle l'en console, & le fait partir auec Eluire.

SCENE IX.

AMASTRIS. *en habit d'homme.* ARISTON.

AMastris, fille du Roy de Susie, à qui Xerxes auoit promis de l'espouser, s'estant eschappée d'Arracca forteresse du Roy son Pere, vient auec son Escuyer chercher son infidelle Amant.

II. ENTRÉE.

Des Paysans & Paysanes, chantans & dansans à l'Espagnole.

La Signora Anna, *Paysanne.*   Le Signor Atto, & le Signor Bordigon, *Paysans.*

Messieurs Baptiste, Barbot, S. Fré. Les Sieurs Beauchamp, le Comte, & la Pierre. *Paysans.*

Le Sieur Des-Airs l'aisné, *Paysanne.*

ACTE II.

SCENE PREMIERE.

ARIODATE. AMASTRIS. ARISTON. *à part.*

Riodate reuient vainqueur des Maures contre qui il auoit commandé l'armée de Xerxes enuoyée au secours d'Ottane.

SCENE II.

ARIODATE. XERXES. EVMENES.

AMASTRIS. ARISTON. *à part.*

Xerxes embraſſe Ariodate, & pour recompenſe de la victoire qu'il vient de remporter, luy dit qu'il veut donner vn eſpoux à ſa fille auſſi grand que ſoy-meſme.

SCENE III.

EVMENES. XERXES. AMASTRIS.

ARISTON. *à part.*

LE Roy s'imaginant que la victoire qu'il vient de remporter ſur les Maures, eſt vn augure de celle qu'il doit obtenir ſur le cœur de Romilde, s'entretient auec plaiſir dans cette penſée; mais Eumenes la blaſme comme vn ſentiment indigne de ſa Majeſté.

SCENE IV.

EVMENES. AMASTRIS.

AMaſtris, qui n'a pas bien entendu toute la conuerſation du Roy auec Eumenes, s'imaginant que c'eſt d'elle
qu'ils

qu'ils parlent, & qu'Eumenes diffuade le Roy de l'efpoufer, fe monftre & luy donne vn defmentir.

SCENE V.

EVMENES. AMASTRIS. ARISTON.

Ais Ariston Efcuyer d'Amaftris, fe monftrant auffi-toft, deftourne par diuerfes addreffes le peril qu'vne telle temerité attiroit fur Amaftris qui ne paffoit que pour vn foldat.

SCENE VI.

ARISTON. AMASTRIS.

A Riston ne pouuant plus fouffrir qu'Amaftris fuft fous ce déguifement expofée à tant de dangers, luy perfuade de s'en retourner en fa Patrie, & va chercher vn vaiffeau où elle fe puiffe embarquer.

SCENE VII.

AMASTRIS. ELVIRE.

A Maftris interrogée par Eluire de fa naiffance & de fa qualité, luy fait diuerfes refponfes plaifantes pour fe deffaire de luy.

SCENE VIII.

ARSAMENE. ELVIRE.

A Rfamene donne vne lettre à Eluire pour la porter à Romilde.

SCENE IX.

ARIODATE. ROMILDE. ADELANTE.

ARiodate fait reflection sur ce que luy a dit le Roy que Romilde auroit vn Espoux égal à luy-mesme, & croit que c'est d'Arsamene qu'il a voulu parler.

SCENE X.

ADELANTE. ROMILDE.

ADelante s'efforce de persuader à sa sœur d'espouser le Roy : & Romilde feignant d'y consentir, Adelante luy descouure l'amour qu'elle a pour Arsamene, mais Romilde se mocquant apres ouuertement d'elle, l'a met dans vne extresme colere.

III. ENTRE'E.

Scaramouche trauesty au milieu de deux Docteurs desguisez, est reconnu par ses compagnons & despoüillé par eux.

Monsieur Baptiste, *Scaramouche.*

Messieurs Clinchan, & du Moustier,
Docteurs desguisez.

Messieurs Geoffroy, & le Comte, *Triuelins.*

Monsieur Barbot, & les Sieurs la Pierre, Iean Courgouli, S. Fré, & Des-Airs l'aisné, *Polichinelles.*

ACTE III.

SCENE PREMIERE.

AMASTRIS. ELVIRE, *desguisé en Turc.*

Mastris trouuant Eluire qui s'estoit déguisé pour por-
ter la lettre de son maistre, l'interroge sur les amours
du Roy, & ayant appris la passion qu'il auoit pour
Romilde demeure la plus affligée du monde.

SCENE II.

ADELANTE. ELVIRE.

ELuire se fait connoistre à Adelante, & la croyant amie
de son maistre, luy donne la lettre qu'il escriuoit à sa sœur.
Elle se voulant seruir de cette occasion à son aduantage, fait
accroire à cet imprudent valet que Romilde est occupée dans
sa chambre à escrire au Roy.

SCENE III.

ADELANTE. XERXES. EVMENES.

ADelante ouure la lettre qu'Eluire luy vient de donner, &
voyant arriuer le Roy la luy monstre, en luy supposant
qu'Arsamene l'auoit escrite pour elle mesme, de qui il estoit
veritablement amoureux, & que la passion que ce Prince tes-
moignoit pour Romilde, n'estoit qu'vne feinte ; & le Roy
trompé luy promet qu'il luy fera espouser Arsamene.

SCENE IV.

EVMENES. XERXES. ROMILDE.

LE Roy monſtre à Romilde la lettre d'Arſamene, comme eſcrite pour Adelante, & la veut par là perſuader de changer de ſentiment en ſa faueur, mais il l'a trouue inexorable; & pendant qu'il s'afflige de la dureté qu'elle a pour luy, elle ſe plaint de l'infidelité dont Arſamene paroiſt coupable enuers elle.

SCENE V.

ARSAMENE. ELVIRE.

ELuire raconte à ſon maiſtre ce qu'il vient d'apprendre d'Adelante, & qu'il n'a pû parler à Romilde parce qu'elle s'eſtoit enferméc pour eſcrire au Roy ; dont Arſamene conçoit vnc extreſme jalouſie.

SCENE VI.

XERXES. ARSAMENE.

LE Roy demande à Arſamene où il va, Arſamene reſpond qu'il va mourir. Le Roy qui auoit eſté perſuadé par Adelante qu'Arſamene eſtoit amoureux d'elle, promet à ce Prince qu'il conſentira volontiers à l'accompliſſement de ſes deſirs; Arſamene ſe rejoüit de cctte bonnc parolc ; mais s'apperceuant apres que le Roy parle d'Adelante, & non pas de Romilde, il penſe qu'il ſe veut mocquer de luy & ſe retire mal-content.

SCENE VII.

XERXES.   ADELANTE.

XErxes connoiſſant qu'Adelante eſt meſpriſée d'Arſamene, luy conſeille de perdre l'amour qu'elle a pour luy, mais elle auoüe qu'elle ne le peut faire.

IV. ENTRÉE.

Vn Patron de vaiſſeau auec des Eſclaues portant des Singes
habillez en fagotins, & des Matelots joüans
de la Trompette marine.

Monſieur Baptiſte, *Patron.*

Mr Tartas, *Maiſtre des Eſclaues.*

Les Sieurs S. Fré, le Vacher, Beauchamp, Dom, Raynal, le Comte,
la Fon, la Pierre, *Eſclaues.*

Bidet, Leſtang l'aiſné, Leſtang le cadet, & Fauier, *Singes.*

Alais, Paiſible, Langlois, Boutet, Royer,
Renoufle, *Matelots.*

ACTE IV.

SCENE PREMIERE.

XERXES. AMASTRIS.

Aſtris ſous ſon habit de ſoldat demande au Roy la
recompenſe de ſes ſeruices, & voudroit bien qu'il
peuſt deuiner de quels ſeruices & de quelle recompenſe elle entend parler.

SCENE II.

XERXES. ROMILDE. AMASTRIS.

LE Roy voyant venir Romilde, veut congedier Amaſtris,
mais la jalouſie de cette Princeſſe la fait obſtiner à demeu-
rer. Le Roy irrité de ſon importunité & de ſon inſolence,
commande qu'on la mette en priſon, & ſe retire.

SCENE III.

Amastris. Romilde. Eumenes.

AMastris se met en defense. Romilde prend son party. Eumenes se retire, & elles s'en vont ensemble.

SCENE IV.

Priarée. Ariston.

PRiarée reconnoist Ariston, qui s'obstine pourtant à ne se point descouurir.

SCENE V.

Amastris. Priarée. Ariston.

AMastris suruenant est pareillement reconnuë de Priarée; mais elle & son Escuyer s'opiniastrant à des-auoüer ce qu'ils sont, laissent Priarée dans vne extresme confusion.

SCENE VI.

Xerxes. Priarée.

PRiarée saluë Xerxes au nom du Roy de Susie son maistre, & luy presente vne lettre de creance. Xerxes luy demandant des nouuelles d'Amastris, il fait semblant de se trouuer mal, parce qu'il ne sçait ce qu'il doit respondre.

SCENE VII.

Romilde. Arsamene.

CEs deux Amants reciproquement abusez par les artifices d'Adelante, s'accusent l'vn l'autre d'infidelité.

SCENE VIII.

ADELANTE. ROMILDE. ARSAMENE. ELVIRE.

ADelante ſuruient,& confeſſant ſa tromperie cherche à s'en excuſer, pendant qu'Arſamene & Romilde ſe reconcilient enſemble.

SCENE IX.

XERXES. ROMILDE. ADELANTE.

ARSAMENE. *caché.*

XErxes preſſant Romilde & luy diſant qu'il la veut eſpouſer, elle pour s'en defendre reſpond qu'elle ne le peut ſouffrir ſans le conſentement de ſon pere.

SCENE X.

ARSAMENE. ROMILDE. ADELANTE.

ARſamene ſe monſtre & ſe plaint à Romilde de ce qu'elle n'a pas dit qu'elle eſtoit des-ja ſon eſpouſe. Elle accablée de douleur ne ſçait que luy reſpondre ſi ce n'eſt qu'elle va mourir. Adelante veut prendre ce temps pour parler à Arſamene de l'amour qu'elle a pour luy, mais il refuſe de l'eſcouſter.

SCENE XI.

PRIAREÉ. EVMENES.

PRiarée encore mal-aſſeuré ſur l'apparition de la Princeſſe Amaſtris & de ſon Eſcuyer, rencontre Eumenes qui portoit vne Couronne & vn Sceptre à Romilde, & apprend de luy que Xerxes la veut eſpouſer : Il le quitte, & pour empeſcher l'effet de cette reſolution, va propoſer à Xerxes, ſuiuant l'ordre de ſon maiſtre, le mariage d'Amaſtris.

SCENE XII.

XERXES.   ARIODATE.

LE Roy confirme Ariodate dans l'esperance qu'il luy auoit donnée de faire espouser sa fille par vn Prince du sang Royal égal à soy-mesme, & luy dit que dans peu il verroit dans la chambre de Romilde l'espoux qui luy estoit destiné, luy commandant d'acheuer le mariage. Ariodate continuë à croire que le Roy veut parler d'Arsamene.

SCENE XIII.

AMASTRIS. ROMILDE. CLITON.

EVmenes presente la Couronne & le Sceptre à Romilde, qui fait diuerses reflexions sur les grandeurs, & puis refuse celles qu'on luy vient d'offrir.

SCENE XIV.

XERXES.   ROMILDE.

LE Roy venant pour espouser Romilde, elle qui se voit pressée du peril, s'en veut dégager en s'accusant faussement d'auoir souffert les caresses d'Arsamene : mais le Roy s'apperceuant que ce n'estoit qu'vne feinte, commande qu'on fasse mourir Arsamene : Elle le veut appaiser par ses prieres, mais le Roy ne les escoute pas, & se retirant la laisse pleurer tout à loisir sa mauuaise destinée.

SCENE XV.

AMASTRIS. ROMILDE. CLITON.

AMastris paroissant alors, Romilde la prie d'aller aduertir Arsamene du danger où il est ; elle promet de le faire, & prie en reuanche Romilde de faire rendre vne lettre au Roy, ce que Romilde accepte & commande à Cliton de l'executer.

V. ENTREE.

V. ENTRE'E.

Des Mataſſins.

Meſſieurs Parque, Barbot, Baptiſte, Geoffroy.
Les Sieurs S. Fré, le Comte, Des-Airs l'aiſné, & la Pierre,
Mataſſins.

ACTE V.

SCENE PREMIERE.

AMASTRIS.   ARSAMENE.

Maſtris aduertit Arſamene du danger où il eſt, de la part de Romilde : mais ce Prince meſpriſe les aduis qu'elle luy fait donner, parce qu'il la croit infidele.

SCENE II.

ROMILDE.   ARSAMENE.

Omilde arriue en ce moment, qui taſche en vain de le des-abuſer.

SCENE III.

ARIODATE. ROMILDE. ARSAMENE.

A Riodate trouuant Arſamene aupres de Romilde, & par là tout à fait confirmé dans la penſée qu'il auoit que c'eſtoit de ce Prince que Xerxes auoit voulu parler, croyant obeïr au Roy, offre ſa fille pour eſpouſe à Arſamene, dont cet Amant

D

& son Amante également eſtonnez demeurent aiſément d'ac-
cord , & apres qu'ils ſe ſont eſpouſez, Ariodate va chercher
le Roy pour le remercier.

SCENE IV.

ARISTON.

ARiſton ſe plaint de ce qu'il ne peut trouuer Amaſtris, &
deplore la mauuaiſe conduite d'vne jeune perſonne qui
s'abandonne à celle de l'Amour.

SCENE V.

PRIARE'E. XERXES.

XErxes refuſe le mariage d'Amaſtris, que luy propoſe Priarée , & le laiſſe retirer meſcontent.

SCENE VI.

XERXES. ARIODATE.

ARiodate veut remercier le Roy de la grace qu'il croit en
auoir receuë ; Et le Roy s'apperceuant de la meſpriſe qui
s'eſt faite, ſe reſout à la mort : Mais veut auparauant faire mourir Ariodate, Arſamene, & Romilde.

SCENE VII.

CLITON. XERXES. ARIODATE.

CLiton rend au Roy la lettre d'Amaſtris , penſant rendre
vne lettre de Romilde ; le Roy la fait lire par Ariodate :
mais connoiſſant à la fin qu'elle eſt d'Amaſtris , ſe retire en colere ſans faire grande reflexion ſur ce que la lettre contenoit.

SCENE VIII.

ADELANTE.

ADelante chante vne Chanſon contre l'Amour.

SCENE IX.

XERXES. EVMENES. ARSAMENE.

PEndant que le Roy ſe plaint de ſon infortune, Arſamene encor abuſé s'approche pour le remercier du conſentement qu'il a donné à ſon mariage : mais le Roy luy commande de tuer ſa nouuelle eſpouſe, & luy preſente le poignard dont il veut qu'il ſe ſerue.

SCENE X.

TOVS LES ACTEVRS.

AMaſtris arriuant arrache le poignard que le Roy preſentoit à Arſamene, & s'en veut elle-meſme tuer, mais Xerxes qui la reconnoiſt pour Amaſtris fille du Roy de Suſie, ſentant renaiſtre l'amour qu'il auoit eu pour elle, & reconnoiſſant combien elle l'aymoit, ſe reſout à l'eſpouſer, & conſent au mariage d'Arſamene & de Romilde. Et la piece finit par la derniere Entrée de Balet.

VI. ET DERNIERE ENTRE'E.

Bacchus accompagné de Syluains, Bacchantes, Satyres,
& de fuiuants de Bacchanale joüans
de plufieurs Inftrumens.

Monfieur Baptifte, *Bacchus.*

Les Sieurs Beauchamp, la Fon, Raynal, & la Pierre,
Syluains.

Les Sieurs le Vacher, Dom, le Comte, & Des-Airs le cadet,
Bacchantes.

Bidet, Fauier, Tutin, Baflon, Leftang l'aifné, Leftang le cadet,
Satyres.

Suiuants de Bacchanale joüans de plufieurs Inftruments.

Alais, Brunet, Pieche, Defcouteaux pere, Defcouteaux fils,
Martin Opterre, Nicolas Opterre, Deftouches, Boutet, Paifible,
Henry pere, Henry l'aifné, Henry le cadet, Godon,
Breteuille, du Bois, le Peintre,
& la Voifiere.

F I N.

www.ingramcontent.com/pod-product-compliance
Lightning Source LLC
LaVergne TN
LVHW020631180726
843502LV00006B/1969